INSTRUCTION PRIMAIRE,
ÉLÉMENTAIRE ET SUPÉRIEURE.

FABLIER
MORAL,
à l'usage de la jeunesse
DES DEUX SEXES,

PAR

un Professeur de l'Université.

PARIS,

Chez Aug. Delalain, Libraire, rue des Mathurins-
Saint-Jacques, n° 5.

LUNÉVILLE,

Chez Creusat, Libraire-Éditeur.

Octobre 1335.

NANCY, IMPRIMERIE DE DARD.

AVERTISSEMENT.

Le bon Rollin voulait qu'on fît apprendre aux enfans quelques fables par cœur, en choisissant d'abord les plus courtes et les plus agréables. — « On aura soin, disait-il, de leur expliquer clairement et brièvement tous les termes qu'ils n'entendraient point, et après qu'on leur aura lu plusieurs fois une fable, on les accoutumera à en faire d'eux-mêmes un récit simple et naturel. On ne saurait croire combien cette pratique peut, dans la suite, être utile aux enfans. Pour la leur faciliter, le maître fera d'abord lui-même le récit et apprendra aux élèves, par son exemple, comment il faut s'y prendre. »

Telle est, en effet, la méthode qu'il serait à désirer de voir adopter dans les écoles; elle serait également avantageuse aux progrès de la mémoire et à ceux de l'intelligence; car, on ne saurait trop y faire attention : toute méthode qui s'attachera exclusivement à développer l'une ou l'autre de ces deux facultés, ne produira que des résultats très-imparfaits. Aussi, j'ai cru qu'il ne serait pas tout-à-fait inutile d'offrir aux maîtres et aux pères de famille un petit recueil où ils trouveront, *à très-peu de frais*, les fables les plus agréables, les plus courtes et surtout les plus morales de nos meilleurs fabulistes.

FABLIER

MORAL.

LA CIGALE ET LA FOURMI.

La cigale ayant chanté
Tout l'été,
Se trouva fort dépourvue
Quand la bise (1) fut venue ;
Pas un seul petit morceau
De mouche ou de vermisseau !
Elle alla crier famine
Chez la fourmi sa voisine,
La priant de lui prêter
Quelque grain pour subsister
Jusqu'à la saison nouvelle :
Je vous paîrai, lui dit-elle,
Avant l'oût (2), foi d'animal,
Intérêt et principal (3).
La fourmi n'est pas prêteuse ;

(1) La bise est un vent du nord qui contribue le plus au froid de l'hiver.

(2) Avant le temps où l'on recueille les grains, ainsi nommé parce qu'il arrive en août que l'on écrivait autre-fois oût.

(3) C'est-à-dire, je vous rendrai la somme que vous m'aurez prêtée, ainsi que les intérêts de cette somme.

C'est là son moindre défaut.
Que faisiez-vous au temps chaud ?
Dit-elle à cette emprunteuse.
Nuit et jour, à tout venant,
Je chantais, ne vous déplaise.
Vous chantiez ! j'en suis fort aise ;
Hé bien ! dansez maintenant.

N. B. Il sera utile de demander aux enfans ce qu'ils pensent de la conduite de la fourmi et de celle de la cigale : on aura soin de rectifier leur jugement dans le cas où il ne serait pas juste.

LA CIGALE ET LA FOUMI.

Une cigale imprévoyante n'avait pas songé, pendant l'été, qu'il fallait amasser des provisions pour la mauvaise saison ; aussi, elle se trouva dans une position fort malheureuse lorsque l'hiver fut venu. Comme elle ne savait où trouver de quoi subsister, elle eut recours à la fourmi et la pria de lui prêter quelques grains. Ne me refusez pas, disait-elle, je vous en supplie, car j'ai bien faim et je périrai certainement, si vous ne venez à mon secours. — Mais, reprit la fourmi, que faisiez-vous donc pendant le temps chaud ? pourquoi ne songiez-vous pas à l'avenir et ne remplissiezvous pas vos magasins? Hélas! je n'y pensais pas, dit la cigale, je chantais jour et nuit. Vraiment, reprit la fourmi en se moquant, vous chantiez au lieu de travailler; eh bien! dansez maintenant.

MORALE.

La cigale, par sa paresse avait mérité son malheur; cependant, nous devons bien nous garder d'imiter la conduite de la fourmi lorsqu'elle repousse ainsi la prière de la cigale, car la religion nous fait un devoir de secourir tous les infortunés.

LE GEAI PARÉ DES PLUMES DU PAON.

Un paon muait: un geai prit son plumage:
    Puis après se l'accommoda;
Puis parmi d'autres paons tout fier se panada,
    Croyant être un beau personnage.
Quelqu'un le reconnut: il se vit bafoué,
    Berné, sifflé, moqué, joué,
Et par messieurs les paons plumé d'étrange sorte;
Même vers ses pareils s'étant réfugié,
    Il fut par eux mis à la porte.
Il est assez de geais à deux pieds comme lui,
Qui se parent souvent des dépouilles d'autrui,
    Et que l'on nomme plagiaires.

Je m'en tais, et ne veux leur causer nul ennui:
Ce ne sont pas là mes affaires.

LE GEAI PARÉ DES PLUMES DU PAON.

Un paon perdit dans sa mue quelques-unes
de ses belles plumes; un geai les ramassa et
s'en révêtit. Alors, plein d'un sot orgueil, il
se crut plus beau que les paons eux-mêmes
et vint se mêler à leur troupe; mais sa vanité
fut bien punie. Les paons ne tardèrent pas à
découvrir la ruse de cet imposteur, et ils le
chassèrent de leur société, après lui avoir
arraché ses fausses plumes à grands coups de
bec. Le geai, ainsi battu et déplumé, ne fut
pas même plaint par ses pareils, qu'il avait
méprisés.

MORALE.

Celui qui s'élève au-dessus de sa condition,
y rentre tôt ou tard avec honte.

LE RENARD ET LA CIGOGNE.

Compère le renard se mit un jour en frais,
Et retint à dîner commère la cigogne.
Le régal fut petit et sans beaucoup d'apprêts :
    Le galant, pour toute besogne,

Avait un brouet (1) clair; il vivait chichement.
Ce brouet fut par lui servi sur une assiette :
La cigogne au long bec n'en put attraper miette;
Et le drôle eut lapé le tout en un moment.
Pour se venger de cette tromperie,
A quelque temps de là, la cigogne le prie.
Volontiers, lui dit-il; car avec mes amis
Je ne fais point cérémonie.
A l'heure dite, il courut au logis
De la cigogne, son hôtesse,
Loua très-fort sa politesse,
Trouva le dîner cuit à point :
Bon appétit surtout; renards n'en manquent
[point.
Il se réjouissait à l'odeur de la viande
Mise en menus morceaux, et qu'il croyait friande.
On servit, pour l'embarrasser,
En un vase à long col et d'étroite embouchure.
Le bec de la cigogne y pouvait bien passer,
Mais le museau du sire était d'autre mesure.
Il lui fallut à jeun retourner au logis,
Honteux comme un renard qu'une poule aurait
[pris,
Serrant la queue, et portant bas l'oreille.
Trompeurs, c'est pour vous que j'écris :
Attendez-vous à la pareille (2).

---

(1) Un brouet est une espèce de bouillie fort claire.
(2) Observations morales.
1° Quelle leçon nous donne cette fable ?
2° Devons-nous imiter la vengeance de la cigogne ?

N. B. Les instituteurs et les pères de famille feront un grand nombre de questions de ce genre sur chacune des fables, et développeront ainsi le sens moral de leurs enfans, en même temps qu'ils leur feront contracter la précieuse habitude d'énoncer facilement leurs idées.

LE RENARD ET LA CIGOGNE.

Vous dînez chez moi, dit un jour le renard à la cigogne, je veux vous y régaler et de mon mieux. Celle-ci, sans se faire beaucoup prier, accepta la partie, et s'y rendit à l'heure indiquée. L'accueil fut des plus obligeans, mais le repas fort triste. L'hôte, pour tout mets, servit à sa voisine, sur une assiette fort plate, un brouet si clair, que la pauvre cigogne avec son long bec n'en put rien attraper. Le renard, de son côté, lapa tout en un instant. La cigogne, aussi irritée qu'affamée, dissimula néanmoins son dépit, et voulant donner une bonne leçon au renard, elle l'engagea à venir le lendemain dîner chez elle. Le compère ne se fit pas attendre, et il se trouva à l'heure fixée chez la cigogne. Celle-ci lui servit dans un vase dont l'embouchure était fort longue et fort étroite, de la viande hachée qui répandait l'odeur la plus agréable.

1*

Profitant alors de l'avantage que lui donnait
son long bec, elle mangea tout à son aise,
tandis que le trompeur, réduit, pendant tout
le festin, à ne lécher que les bords du vase,
quitta enfin la partie, et, demi-mort de faim,
se retira couvert de honte.

Celui qui trompe doit s'attendre à être
trompé.

LE CORBEAU VOULANT IMITER L'AIGLE.

L'oiseau de Jupiter (1) enlevant un mouton,
    Un corbeau, témoin de l'affaire,
Et plus faible de reins, mais non pas moins
                       [glouton,
    En voulut sur l'heure autant faire.
    Il tourne à l'entour du troupeau,
Marque entre cent moutons le plus gras, le
                       [plus beau,
    Un vrai mouton de sacrifice (2) :
On l'avait réservé pour la bouche des dieux.
Gaillard corbeau disait, en le couvant des yeux :
    Je ne sais qui fut ta nourrice,

---

(1) L'aigle était regardé par les païens comme l'oiseau
de Jupiter. Ce roi des oiseaux était consacré au roi des
dieux.

(2) On choisissait les moutons les plus gras pour les
offrir aux dieux.

Mais ton corps me paraît en merveilleux état ;
>   Tu me serviras de pâture.
Sur l'animal bêlant, à ces mots, il s'abat.
>   La moutonnière créature (1)
Pesait plus qu'un fromage ; outre que sa toison
>   Était d'une épaisseur extrême,
Et mêlée à peu près de la même façon
>   Que la barbe de Polyphème (2).
Elle empétra si bien les serres du corbeau,
Que le pauvre animal ne put faire retraite :
Le berger vient, le prend, l'encage bien et beau,
Le donne à ses enfans pour servir d'amusette.

MORALE.

Il faut se mesurer ; la conséquence est nette :
Mal prend aux volereaux (3) de faire les voleurs.
>   L'exemple est un dangereux leurre :
Tous les mangeurs de gens ne sont pas grands
>   [seigneurs ;
Où la guêpe a passé, le moucheron demeure.

---

(1) La moutonnière créature, c'est-à-dire le mouton.

(2) Polyphème, selon la fable, était le plus célèbre des cyclopes. Il habitait les côtes de la Sicile. Sa taille était gigantesque, sa voix terrible, sa figure monstrueuse ; il n'avait qu'un œil placé au milieu du front. La férocité de son caractère répondait à son extérieur.

(3) Volereaux, c'est-à-dire petits voleurs.

LE CORBEAU VOULANT IMITER L'AIGLE.

L'aigle fondit sur un mouton, et l'enleva à la vue d'un corbeau. Oh! oh! dit ce dernier, voilà un bel exemple à suivre; pourquoi n'en ferais-je pas autant? Cela dit, notre corbeau s'abattit sur le plus gras du troupeau; mais, bien loin de faire ce que l'aigle avait fait, il s'embarrassa tellement dans la toison du mouton, qu'il y demeura pris. Pendant qu'il se débattait pour dégager ses pattes, le berger accourut, le saisit et le mit en cage, puis il le donna à ses enfans qui le firent périr au milieu des souffrances.

Cette fable nous donne deux leçons salutaires: la première, c'est qu'il ne faut jamais rien entreprendre qui soit au-dessus de nos forces; la seconde, qu'il ne faut jamais faire de mal aux animaux. Dieu les a créés pour notre usage; nous pouvons nous en servir, mais nous ne devons jamais les tourmenter pour notre plaisir. L'expérience a prouvé que la cruauté envers les animaux était la marque d'un mauvais cœur.

Remarque. — Il sera très-utile d'exercer les enfans à raconter ainsi à leur manière toutes les fables qu'ils auront apprises, ou seulement lues. Ces essais, *qui ont été composés par de jeunes enfans*, ne doivent pas servir de modèles ; il y a tel maître qui obtiendra de ses élèves des compositions bien meilleures. Mon but n'est ici que d'indiquer le moyen d'appliquer une méthode recommandée par l'illustre Rollin.

LE RENARD ET LES RAISINS.

Certain renard gascon (1), d'autres disent
[normand (2),
Mourant presque de faim , vit au haut d'une
[treille
Des raisins mûrs apparemment,
Et couverts d'une peau vermeille.
Le galant en eût fait volontiers un repas ;
Mais comme il n'y pouvait atteindre :
Ils sont trop verts , dit-il, et bons pour des
[goujats (3) ;
Fit-il pas mieux que de se plaindre?

LE LION ET LE RAT.

Il faut, autant qu'on peut, obliger tout le monde :

---

(1) Gascon signifie ici fanfaron.
(2) Normand veut dire ici habile à mentir.
(3) Goujats, c'est-à-dire de peu de valeur.

On a souvent besoin d'un plus petit que soi.
De cette vérité deux fables feront foi ;
    Tant la chose en preuve abonde.
    Entre les pattes d'un lion,
Un rat sortit de terre assez à l'étourdie.
Le roi des animaux (1), dans cette occasion,
Montra ce qu'il était, et lui donna la vie.
    Ce bienfait ne fut pas perdu.
    Quelqu'un aurait-il jamais cru
    Qu'un lion d'un rat eût affaire ?
Cependant il avint (2) qu'au sortir des forêts
    Ce lion fut pris dans des rets,
Dont ses rugissemens ne le purent défaire.
Sire rat accourut, et fit tant par ses dents,
Qu'une maille rongée emporta tout l'ouvrage.
    Patience et longueur de temps
    Font plus que force ni que rage (3).

LA COLOMBE ET LA FOURMI.

L'autre exemple est tiré d'animaux plus petits.
Le long d'un clair ruisseau buvait une colombe:
Quand sur l'eau se penchant une fourmi y
        [tombe ;

---

(1) Le roi des animaux, c'est-à-dire le lion.

(2) Il avint est mis pour il arriva.

(3) Quelles sont les différentes leçons que nous donne cette fable ?

Et dans cet océan (1) l'on eût vu la fourmis
S'efforçant, mais en vain, de regagner la rive.
La colombe aussitôt usa de charité :
Un brin d'herbe dans l'eau par elle étant jeté,
Ce fut un promontoire (2) où la fourmi arrive.
    Elle se sauve, et là-dessus
Passe un certain croquant (3) qui marchait les
    pieds nus ;
Ce croquant, par hasard, avait une arbalète.
    Dès qu'il voit l'oiseau de Vénus (4),
Il le croit en son pot et déjà lui fait fête.
Tandis qu'à le tuer mon villageois s'apprête,
    La fourmi le pique au talon.
    Le vilain (5) retourne la tête :

---

(1) L'océan est la grande quantité d'eau qui entoure
la terre. Comment se fait-il que l'auteur de cette fable
dise, en parlant du clair ruisseau où buvait la fourmi,
que c'est *un océan* ?

(2) On appelle promontoire une élévation de terre qui
s'avance dans la mer.

(3) Des paysans de la Saintonge s'étant révoltés sous
le règne de Louis XIII, se nommèrent *croquans*. Depuis
ce temps, ce mot a été employé pour désigner en général
un pauvre paysan.

(4) La colombe, chez les païens, était considérée
comme l'oiseau de la déesse Vénus.

(5) Le vilain, mot ancien, qui signifie habitant de la
campagne, et qu'il ne faut pas confondre avec l'adjectif
vilain qui signifie désagréable à la vue.

La colombe l'entend, part et tire de long (1).
Le soupé du croquant avec elle s'envole :
Point de pigeon pour une obole.

LES DEUX MULETS.

Deux mulets cheminaient, l'un d'avoine chargé,
L'autre portant l'argent de la gabelle (2).
Celui-ci, glorieux d'une charge si belle,
N'eût voulu pour beaucoup en être soulagé.
Il marchait d'un pas relevé,
Et faisait sonner sa sonnette :
Quand l'ennemi se présentant,
Comme il en voulait à l'argent,
Sur le mulet du fisc (3) une troupe se jette,
Le saisit au frein, et l'arrête.
Le mulet, en se défendant,
Se sent percer de coups : il gémit, il soupire.
Est-ce donc là, dit-il, ce qu'on m'avait promis?
Ce mulet qui me suit, du danger se retire ;
Et moi, j'y tombe, et je péris.
Ami, lui dit son camarade,
Il n'est pas toujours bon d'avoir un haut emploi :

---

(1) Tirer de long signifie s'envoler au plus vite.
(2) L'argent de la gabelle, c'est-à-dire des impôts.
(3) On appelle *fisc* le trésor public, les revenus d'un
état

Si tu n'avais servi qu'un meunier , comme moi,
Tu ne serais pas si malade.

LE CYGNE ET LE CUISINIER.

Dans une ménagerie (1)
De volatilles remplie
Vivaient le cygne et l'oison :
Celui-là destiné pour les regards du maître ;
Celui-ci, pour son goût : l'un qui se piquait
[d'être
Commensal du jardin ; l'autre de la maison (2).
Des fossés du château faisant leurs galeries (3),
Tantôt on les eût vus côte à côte nager ,
Tantôt courir sur l'onde , et tantôt se plonger,
Sans pouvoir satisfaire à leurs vaines envies.
Un jour le cuisinier , ayant trop bu d'un coup,
Prit pour oison le cygne ; et, le tenant au cou,
Il allait l'égorger, puis le mettre en potage.
L'oiseau, près de mourir , se plaint en son
[ramage.
Le cuisinier fut fort surpris ,

---

(1) Ménagerie se prend ici pour le lieu où l'on nourrit
les volailles.

(2) L'un vivait le plus ordinairement dans le jardin ,
l'autre dans la maison.

(3) Leurs galeries, c'est-à-dire leur lieu de plaisance.

Et vit bien qu'il s'était mépris.

Quoi! je mettrais, dit-il, un tel chanteur (1)

[en soupe!

Non, non, ne plaise aux dieux que jamais ma

[main coupe

La gorge à qui s'en sert si bien!

Ainsi dans les dangers qui nous suivent en

[croupe (2)

Le doux parler ne nuit de rien.

LE DIAMANT ET LE LAPIDAIRE.

Un diamant (3) informe et tout couvert de

[terre,

Ne pouvait consentir à se laisser tailler;

Et d'abord que le lapidaire (4)

S'occupait à le travailler :

Pourquoi, lui disait-il, me mettre à la torture?

On dit souvent que la nature

M'a donné trop de dureté;

(1) Le chant mélodieux des cygnes n'est fondé que sur une tradition poétique dont la vérité n'a jamais été confirmée par l'événement.

(2) Suivre en croupe, c'est-à-dire suivre de fort près.

(3) Le diamant est la plus dure, la plus transparente et la plus précieuse de toutes les pierres.

(4) On appelle *lapidaire*, l'ouvrier qui travaille le diamant et les autres pierres précieuses.

Mais vous avez sans doute une âme encor plus
[dure.

Ah! mettez fin, de grâce, à votre cruauté,
  Et tirez-moi de cette roue,
  Où je me vois si maltraité.
Oui, mon ami, dit l'ouvrier, j'avoue
  Que je vous traite avec rigueur:
  Mais si ma main trop indulgente
N'avait soin de polir votre masse brillante,
Vous resteriez toujours sans prix et sans valeur.
Souffrez donc, mon ami, souffrez un peu de
[gêne :

  Il faut souffrir, dit-on, pour être beau.
Le diamant enfin souffre, bien qu'avec peine ;
Et ce n'est point en vain, car dès que le
[ciseau

  L'a dépouillé de la matière
  Qui voilait son front radieux,
Par l'éclat enchanteur de sa vive lumière,
  Il frappe, il ravit tous les yeux ;
  Et ceux qui l'avaient vu naguère
  Brut, raboteux, couvert de terre,
Comprennent, en voyant ses feux étincelans,
  Qu'inutilement la nature
Nous aurait départi les dons les plus brillans,
  Si le travail et la culture
  Ne faisaient valoir ses présens.

LES LOUPS ET LES BREBIS.

Après mille ans et plus de guerre déclarée,
Les loups firent la paix avecque les brebis.
C'était apparemment le bien des deux partis :
Car si les loups mangeaient mainte bête égarée,
Les bergers de leurs peaux se faisaient maints
[habits.
Jamais de liberté, ni pour les pâturages,
   Ni d'autre part pour les carnages :
Ils ne pouvaient jouir, qu'en tremblant, de
[leurs biens (1).
La paix se conclut donc : on donne des ôtages;
Les loups, leurs louveteaux; et les brebis,
[leurs chiens.
L'échange en étant fait aux formes ordinaires,
   Et réglé par des commissaires,
Au bout de quelque temps que messieurs (2)
[les louvats

---

(1) Telles étaient sans doute les raisons que donnaient
les loups pour tromper les brebis et les faire tomber dans
le piége qu'ils leur préparaient.

(2) Il faut faire remarquer aux enfans que le bon La
Fontaine a fondé parmi les animaux des monarchies et des
républiques; il en a composé un monde nouveau; il en a
réglé les rangs; il a transporté chez eux tous les titres
et tout l'appareil de nos dignités.

Se virent loups parfaits, et friands de tuerie,
Ils vous prennent le temps que dans la bergerie
      Messieurs les bergers n'étaient pas,
Étranglent la moitié des agneaux les plus gras,
Les emportent aux dents, dans les bois se
            [retirent.
Ils avaient averti leurs gens secrètement.
Les chiens, qui, sur leur foi, reposaient sû-
           [rement,
    Furent étranglés en dormant :
Cela fut sitôt fait, qu'à peine ils le sentirent.
Tout fut mis en morceaux, un seul n'en
           [échappa.
    Nous pouvons conclure de là
Qu'il faut faire aux méchans guerre continuelle.
    La paix est fort bonne de soi,
    J'en conviens : mais de quoi sert-elle
    Avec des ennemis sans foi ?

LE RENARD ET LE BOUC.

Capitaine (1) renard allait de compagnie
Avec son ami bouc des plus haut encornés :
Celui-ci ne voyait pas plus loin que son nez ;

---

(1) Il faut faire comprendre aux enfans pourquoi La
Fontaine donne le titre de *capitaine* au *renard.* Cette
explication devra varier selon l'âge de l'élève.

L'autre était passé maître en fait de tromperie;
La soif les obligea à descendre en un puits :
  Là , chacun d'eux se désaltère.
Après qu'abondamment tous deux en eurent
       [pris ,
Le renard dit au bouc : Que ferons-nous ,
       [compère?
Ce n'est pas tout de boire , il faut sortir d'ici.
Lève tes pieds en haut , et tes cornes aussi ;
Mets-les contre le mur : le long de ton échine
  Je grimperai premièrement ;
  Puis sur tes cornes m'élevant ,
  A l'aide de cette machine ,
  De ce lieu-ci je sortirai ,
  Après quoi je t'en tirerai.
Par ma barbe ! dit l'autre , il est bon ; et je loue
  Les gens bien sensés comme toi.
  Je n'aurais jamais , quant à moi ,
  Trouvé ce secret , je l'avoue.
Le renard sort du puits, laisse son compagnon ,
  Et vous lui fait un beau sermon
  Pour l'exhorter à la patience :
Si le ciel t'eût , dit-il , donné par excellence
Autant de jugement que de barbe au menton ,
  Tu n'aurais pas , à la légère ,
Descendu dans ce puits. Or , adieu , j'en suis
       [hors :

Tâche de t'en tirer, et fais tous tes efforts :
     Car pour moi j'ai certaine affaire
Qui ne me permet pas d'arrêter en chemin.
En toute chose il faut considérer la fin.

L'ENFANT ET LE MIROIR.

Un enfant élevé dans un pauvre village
Revint chez ses parens et fut surpris d'y voir
    un miroir.
     D'abord il aima son image,
Et puis, par un travers bien digne d'un enfant,
     Et même d'un être plus grand,
     Il veut outrager ce qu'il aime,
Lui fait une grimace, et le miroir la rend.
     Alors son dépit est extrême;
     Il lui montre un poing menaçant,
     Il se voit menacé de même.
Notre marmot fâché s'en vient, en frémissant,
     Battre cette image insolente;
Il se fait mal aux mains, sa colère en augmente;
     Et, furieux, au désespoir,
     Le voilà devant ce miroir,
     Criant, pleurant, frappant la glace.
Sa mère, qui survient, le console, l'embrasse,
Tarit ses pleurs, et doucement lui dit :
N'as-tu pas commencé par faire la grimace

A ce méchant enfant qui cause ton dépit?
— Oui. — Regarde, à présent : tu souris, il
[sourit;
Tu tends vers lui tes bras, il te les tend de
[même:
Tu n'es plus en colère, il ne se fâche plus :
De la société tu vois ici l'emblême?
Le bien, le mal, nous sont rendus.

LE CHÊNE ET LE ROSEAU.

Le chêne un jour dit au roseau :
Vous avez bien sujet d'accuser la nature;
Un roitelet pour vous est un pesant fardeau;
Le moindre vent qui d'aventure
Fait rider la face de l'eau,
Vous oblige à baisser la tête;
Pendant que mon front, au Caucase (1) pareil,
Non content d'arrêter les rayons du soleil,
Brave l'effort de la tempête.
Tout vous est aquilon (2), tout me semble
[zéphir (3).
Encor si vous naissiez à l'abri du feuillage

---

(1) Le Caucase est une haute montagne de l'Asie.
(2) L'aquilon est un vent très-impétueux.
(3) Le zéphir est un vent très-doux.

Dont je couvre le voisinage,
Vous n'auriez pas tant à souffrir;
Je vous défendrais de l'orage :
Mais vous naissez le plus souvent
Sur les humides bords des royaumes du vent (1).
La nature envers vous me semble bien injuste.
Votre compassion, lui répondit l'arbuste,
Part d'un bon naturel : mais quittez ce souci;
Les vents me sont moins qu'à vous redoutables:
Je plie, et ne romps pas. Vous avez jusqu'ici
    Contre leurs coups épouvantables
    Résisté sans courber le dos:
Mais attendons la fin. Comme il disait ces
                  [mots,
Du bout de l'horizon (2) accourt avec furie
    Le plus terrible des enfans (3)
Que le nord eût portés jusque-là dans ses flancs.
    L'arbre tient bon; le roseau plie.
    Le vent redouble ses efforts,
    Et fait si bien qu'il déracine
Celui de qui la tête au ciel était voisine,

---

(1) *Du royaume des vents*, c'est-à-dire des eaux et en particulier des marais.

(2) L'horizon est l'extrémité apparente du ciel.

(3) Cette phrase signifie un vent du nord des plus violens.

Et dont les pieds touchaient à l'empire des
[morts (1).

LA SOURIS IMPRÉVOYANTE.

Dans une salle, en un trou du parquet,
Une souris s'étant nichée,
Matin et soir faisait curée (2)
De tout ce qui tombait
Et de la table et du buffet.
Dieu ! quelle heureuse destinée !
Des reliefs (3) tant qu'on en voulait,
Grand appétit, point de minet,
Pour le bonheur ma souris semblait née.
Mais en est-il ici bas de parfait ?
Ou, s'il en est, a-t-il quelque durée?
Le maître du logis, un beau jour entreprit
En lointain pays un voyage,
Où tout son monde le suivit.
Durant un mois entier le couvert ne se mit ;
Plus de biscuit, plus de fromage ;
Adieu festins, mais non pas l'appétit :

---

(1) Cette expression poétique signifie que les racines du chêne pénétraient fort avant dans la terre.

(2) *Faire curée* veut dire ici faire bonne chère.

(3) Le mot *reliefs* signifie les débris, les restes d'un festin.

Satisfait c'est plaisir, frustré c'est pis que rage;
Le passé n'y fait rien, l'avenir n'y suffit,
     C'est le présent qui le soulage.
     Si la souris avait été plus sage,
Quand, chaque jour, soir et matin,
Vingt mets étaient à son usage,
Elle aurait dû songer au lendemain :
Pour ne l'avoir pas fait elle mourut de faim.

Cette fable doit vivement engager les jeunes gens à ne pas perdre en vains plaisirs le temps dont ils peuvent disposer pour leur instruction : s'ils apprennent aujourd'hui, cela leur servira dans un autre âge.

LE CHEVAL ET L'ANE.

En ce monde il se faut l'un l'autre secourir :
     Si ton voisin vient à mourir,
     C'est sur toi que le fardeau tombe.
Un âne accompagnait un cheval peu courtois,
Celui-ci ne portant que son simple harnois,
Et le pauvre baudet si chargé qu'il succombe.
Il pria le cheval de l'aider quelque peu;
Autrement il mourrait devant qu'être (1) à la
                    [ville.

---

(1) Cette manière de parler ne s'usite plus aujourd'hui; on dit mieux avant d'être à la ville.

La prière, dit-il, n'en est pas incivile (1) :
Moitié de ce fardeau ne vous sera que jeu.
Le cheval refusa, fit une pétarade ;
Tant qu'il vit sous le faix mourir son camarade,
    Et reconnut qu'il avait tort.
    Du baudet en cette aventure
    On lui fit porter la voiture,
    Et la peau par-dessus encore.

LE LIÈVRE ET LA TORTUE.

Rien ne sert de courir ; il faut partir à point (2).
Le lièvre et la tortue en sont un témoignage.
Gageons, dit celle-ci, que vous n'atteindrez
                      [point
Sitôt que moi ce but. Sitôt ! êtes-vous sage ?
    Repartit l'animal léger (3) :
    Ma commère, il faut vous purger
    Avec quatre grains d'ellébore (4).
    Sage ou non, je parie encore.
    Ainsi fut fait ; et de tous deux
    On mit près du but les enjeux.

---

(1) Incivile signifie malhonnête, grossière, inconvenante.

(2) Partir à point, c'est-à-dire à temps.

(3) Il faut demander aux enfans pourquoi l'animal léger
signifie le lièvre.

(4) L'ellébore servait à la guérison des fous.

Savoir quoi, ce n'est pas l'affaire,
Ni de quel juge l'on convint.
Notre lièvre n'avait que quatre pas à faire :
J'entends de ceux qu'il fait lorsque, près d'être
[atteint,
Il s'éloigne des chiens, les renvoie aux calen-
[des (1),
Et leur fait arpenter les landes (2).
Ayant, dis-je, du temps de reste pour brouter,
Pour dormir et pour écouter
D'où vient le vent, il laisse la tortue
Aller son train de sénateur (3).
Elle part, elle s'évertue :
Elle se hâte avec lenteur.
Lui cependant méprise une telle victoire,
Tient la gageure à peu de gloire,
Croit qu'il y va de son honneur

---

(1) Les renvoie aux calendes, c'est-à-dire s'en éloigne
si bien, que les chiens ne peuvent le rattraper. Un débi-
teur qui ne voulait pas payer sa dette disait à son créan-
cier, je vous paierai aux calendes grecques, terme de
paiement tout-à-fait chimérique, puisqu'il n'y a point
de jour dans l'année que les Grecs aient nommés calendes.

(2) Les landes sont des terres stériles et incultes.

(3) Il se présente ici une question à faire aux enfans.
Quel rapport y a-t-il entre la démarche d'une tortue et
celle d'un sénateur?

De partir tard. Il broute, il se repose,

Il s'amuse à toute autre chose

Qu'à la gageure. A la fin, quand il vit

Que l'autre touchait presqu'au bout de la

[carrière,

Il partit comme un trait. Mais les élans qu'il fît

Furent vains : la tortue arriva la première.

Hé bien ! lui cria-t-elle, avais-je pas raison?

De quoi vous sert votre vitesse?

Moi l'emporter! et que serais-ce

Si vous portiez une maison (1).

LE TROUPEAU DE COLAS.

Dès la pointe du jour, sortant de son hameau,

Colas, jeune pasteur d'un assez beau troupeau,

Le conduisait au pâturage.

Sur sa route il trouve un ruisseau,

Que la nuit précédente un effroyable orage

Avait rendu torrent. Comment passer cette eau?

Chiens, brebis et berger tout s'arrête au rivage.

En faisant un circuit l'on eût gagné le pont;

C'était bien le plus sûr, mais c'était le plus long.

Colas veut abréger. D'abord il considère

(1) Pourquoi la tortue dit-elle qu'elle porte une maison?
— Qu'est-ce qu'une tortue?

Qu'il peut franchir cette rivière ;
Et, comme ses beliers sont forts,
Il conclut que, sans grands efforts,
Le troupeau sautera. Cela dit, il s'élance ;
Son chien saute après lui, beliers d'entrer en danse
         A qui mieux mieux, courage, allons !
         Après les beliers les moutons,
Tout est en l'air, tout saute ; et Colas les excite
         En s'applaudissant du moyen.
Les beliers, les moutons sautèrent assez bien ;
         Mais les brebis vinrent ensuite,
Les agneaux, les vieillards, les faibles, les
                              [peureux,
         Les mutins, corps toujours nombreux,
Qui refusaient le saut ou sautaient de colère,
         Et, soit faiblesse, soit dépit,
         Se laissaient choir dans la rivière :
Il s'en noya le quart, un autre quart s'enfuit,
         Et sous la dent d'un loup périt.
         Colas, réduit à la misère,
S'aperçut, mais trop tard, que pour un bon
                              [pasteur
         Le plus court n'est pas le meilleur.

LE CERF SE MIRANT DANS L'EAU.

Dans le cristal d'une fontaine
Un cerf se mirant autrefois,

Louait la beauté de son bois (1),

Et ne pouvait qu'avec peine

Souffrir ses jambes de fuseaux (2),

Dont il voyait l'objet se perdre dans les eaux.

Quelle proportion de mes pieds à ma tête !

Disait-il, en voyant leur ombre avec douleur :

Des taillis (3) les plus hauts mon front atteint le
[faîte ;

Mes pieds ne me font point d'honneur.

Tout en parlant de la sorte,

Un limier (4) le fait partir.

Il tâche à se garantir ;

Dans les forêts il s'emporte :

Son bois, dommageable ornement,

L'arrêtant à chaque moment,

Nuit à l'office que lui rendent

Ses pieds, de qui ses jours dépendent.

Il se dédit alors, et maudit les présens

Que le ciel lui fait tous les ans (5).

Nous faisons cas du beau, nous méprisons l'utile ;

---

(1) On appelle *bois* les cornes du cerf.

(2) De fuseaux, c'est-à-dire très-minces.

(3) Les taillis sont des bois que l'on coupe de temps
en temps.

(4) Le limier est une espèce de chien de chasse.

(5) Le bois du cerf tombe et revient tous les ans.

Et le beau souvent nous détruit.
Ce cerf blâme ses pieds qui le rendent agile :
Il estime un bois qui lui nuit.

LES DEUX VOYAGEURS.

Le compère Thomas et son ami Lubin
Allaient à pied tous deux à la ville prochaine.
    Thomas trouve sur son chemin
    Une bourse de louis pleine ;
Il l'empoche aussitôt. Lubin, d'un air content,
    Lui dit : Pour nous la bonne aubaine !
    Non, répond Thomas froidement,
Pour nous, n'est pas bien dit ; pour moi, c'est
                            [différent.
Lubin ne souffle plus (1), mais en quittant la
                            [plaine,
Ils trouvent des voleurs cachés au bois voisin.
    Thomas tremblant, et non sans cause,
Dit : Nous sommes perdus ! Non, lui répond
                            [Lubin ;
Nous n'est pas le vrai mot, mais toi, c'est
                            [autre chose.
Cela dit, il s'échappe à travers les taillis.
Immobile de peur, Thomas est bientôt pris.

---

(1) Ne souffle plus, c'est-à-dire ne parle plus.

Il tire la bourse et la donne.
Qui ne songe qu'à soi quand la fortune est bonne,
Dans le malheur n'a point d'amis.

N. B.. On peut voir à la page 105 du 2ᵉ vol.
des *Récréations morales* à l'usage de la jeunesse,
des développemens moraux propres à faire bien
apprécier cette fable.

LE LIÈVRE ET LA PERDRIX.

Il ne se faut jamais moquer des misérables ;
Car qui peut s'assurer d'être toujours heureux?
    Le sage Esope, dans ses fables,
    Nous en donne un exemple ou deux.
    Celui qu'en ces vers je propose ,
    Et les siens, ce sont même chose.
Le lièvre et la perdrix, concitoyens d'un champ,
Vivaient dans un état, ce semble, assez tran-
                 [quille,
    Quand une meute (1) s'approchant ,
Oblige le premier à chercher un asile :
Il s'enfuit dans son fort, met les chiens en défaut,
    Sans même en excepter Brifaut.
    Enfin il se trahit lui-même.

(1) On appelle meute une troupe de chiens de chasse.

Par les esprits (1) sortant de son corps échauffé.
Miraut, sur leur odeur ayant philosophé,
Conclut que c'est son lièvre, et d'une ardeur
[extrême
Il le pousse ; et Rustaut, qui n'a jamais menti,
Dit que le lièvre est reparti.
Le pauvre malheureux vient mourir à son gîte.
La perdrix le raille, et lui dit :
Tu te vantais d'être si vite !
Qu'as-tu fait de tes pieds? Au moment qu'elle rit,
Son tour vient, on la trouve. Elle croit que
[ses ailes
La sauront garantir à toute extrémité ;
Mais la pauvrette avait compté
Sans l'autour (2) aux serres cruelles.

LA POULE AUX OEUFS D'OR.

L'avarice perd tout en voulant tout gagner.
Je ne veux, pour le témoigner,
Que celui dont la poule, à ce que dit la fable,
Pondait tous les jours un œuf d'or.
Il crut que dans son corps elle avait un trésor :

---

(1) Les chasseurs appellent *esprit* l'odeur que répand une
bête poursuivie.
(2) L'autour est un oiseau de proie.

Il la tua, l'ouvrit, et la trouva semblable
A celles dont les œufs ne lui rapportaient rien ;
S'étant lui-même ôté le plus beau de son bien.
Belle leçon pour les gens chiches !
Pendant ces derniers temps, combien en a-t-on
[vus
Qui du soir au matin sont pauvres devenus
Pour vouloir trop tôt être riches.

LE CERF ET LA VIGNE.

Un cerf, à la faveur d'une vigne fort haute,
Et telle qu'on en voit en de certains climats,
S'étant mis à couvert et sauvé du trépas,
Les veneurs (1), pour ce coup, croyaient leurs
[chiens en faute.
Ils les rappellent donc. Le cerf, hors de danger,
Broute sa bienfaitrice : ingratitude extrême !
On l'entend, on retourne, on le fait déloger :
Il vient mourir en ce lieu même.
J'ai mérité, dit-il, ce juste châtiment :
Profitez-en, ingrats. Il tombe en ce moment.
La meute en fait curée (2) : il lui fut inutile
De pleurer aux veneurs à sa mort arrivés.

____

(1) Les veneurs, c'est-à-dire les chasseurs.
(2) En fait curée, c'est-à-dire le met en pièces.

Vraie image de ceux qui profanent l'asile
Qui les a conservés.

LA MORT.

La mort, reine du monde, assembla certain
[jour
Dans les enfers toute sa cour ;
Elle voulait chosir un bon premier ministre,
Qui rendît ses états encor plus florissans.
Pour remplir cet emploi sinistre,
Du fond du noir Tartare (1) avancent à pas lents
La fièvre, la goutte et la guerre :
C'était trois sujets excellens (2).
Tout l'enfer et toute la terre
Rendaient justice à leurs talens.
La mort leur fit accueil. La peste vint ensuite.
On ne pouvait nier qu'elle n'eût du mérite ;
Nul n'osait lui rien disputer,
Lorsque d'un médecin arriva la visite,
Et l'on ne sut alors qui devait l'emporter,
La mort même était en balance.

---

(1) Le Tartare était une des régions de l'enfer des païens, c'est là où étaient punis les impies et les scélérats.

(2) Question à faire aux élèves : Pourquoi la fièvre, la goutte et la guerre sont-ils trois sujets excellens de la mort?

Mais les vices étant venus ,

Dès ce moment la mort n'hésita plus :

Elle choisit l'intempérance.

LA CARPE ET LES CARPILLONS.

Prenez garde , mes fils , côtoyez moins le bord,

Suivez le fond de la rivière ;

Craignez la ligne meurtrière (1) ,

Ou l'épervier plus dangereux encore.

C'est ainsi que parlait une carpe de Seine (2)

A de jeunes poissons qui l'écoutaient à peine.

C'était au mois d'avril : les neiges , les glaçons ,

Fondus par les zéphirs , descendaient des

[montagnes.

Le fleuve enflé par eux s'élève à gros bouillons,

Et déborde dans les campagnes.

Ah ! ah ! criaient les carpillons ;

Qu'en dis-tu, carpe radoteuse ?

Crains-tu pour nous les hameçons ?

Nous voilà citoyens de la mer orageuse ;

Regarde : on ne voit plus que les eaux et le ciel;

Les arbres sont cachés sous l'onde ,

______

(1) Pourquoi la ligne est-elle meurtrière ?

(2) Une carpe qui vivait dans la Seine , fleuve de France.

Nous sommes les maîtres du monde,
C'est le déluge universel.
Ne croyez pas cela, répond la vieille mère ;
Pour que l'eau se retire il ne faut qu'un instant :
Ne vous éloignez point, et de peur d'accident,
Suivez, suivez toujours le fond de la rivière.
Bah ! disent les poissons, tu répètes toujours
[mêmes discours.
Adieu, nous allons voir notre nouveau domaine.
Parlant ainsi, nos étourdis
Sortent tous du lit de la Seine
Et s'en vont dans les eaux qui couvrent le pays.
Qu'arriva-t-il ? Les eaux se retirèrent,
Et les carpillons demeurèrent ;
Bientôt ils furent pris
Et frits (1).

LA GRENOUILLE QUI VEUT SE FAIRE AUSSI GROSSE QUE LE BOEUF.

Une grenouille vit un bœuf
Qui lui sembla de belle taille.
Elle, qui n'était pas grosse en tout comme un
[œuf,

(1) Voir le développement moral de cette fable dans le 1er vol. des *Récréations morales.*

Envieuse, s'étend, et s'enfle, et se travaille,
    Pour égaler l'animal en grosseur;
    Disant : Regardez bien, ma sœur,
Est-ce assez? dites-moi; n'y suis-je point
               [encore?
—Nenni. — M'y voici donc? —Point du tout.
           [— M'y voilà?
— Vous n'en approchez point. La chétive
           [pécore (1)
    S'enfla si bien qu'elle creva.
Le monde est plein de gens qui ne sont pas
          [plus sages :
Tout bourgeois veut bâtir comme les grands
          [seigneurs ;
    Tout petit prince a des ambassadeurs ;
    Tout marquis veut avoir des pages.

LE LOUP PLAIDANT CONTRE LE RENARD PAR-DEVANT LE SINGE.

Un loup disait qu'on l'avait volé :
Un renard, son voisin, d'assez mauvaise vie,
Pour ce prétendu vol par lui fut appelé.
    Devant le singe il fut plaidé,

---

(1) La chétive pécore, c'est-à-dire la grenouille qui était faible.

Non point par avocats, mais par chaque partie.
Thémis (1) n'avait point travaillé,
De mémoire de singe, à fait (2) plus em-
[brouillé.
Le magistrat (3) suait en son lit de justice (4).
Après qu'on eut bien contesté,
Répliqué, crié, tempêté,
Le juge, instruit de leur malice,
Leur dit : Je vous connais de long-temps, mes
[amis,
Et tous deux vous paierez l'amende :
Car toi, loup, tu te plains, quoiqu'on ne
[t'ait rien pris;
Et toi, renard, as pris ce que l'on te demande.
Le juge prétendait, qu'à tort et à travers,
On ne saurait manquer condamnant un pervers.

LE CHAT ET LE MOINEAU.

La prudence est bonne de soi,
Mais la pousser trop loin est une duperie :
L'exemple suivant en fait foi.

---

(1) Thémis était la déesse de la justice.

(2) A fait plus embrouillé, c'est-à-dire à une cause
où il fût plus difficile de démêler la vérité.

(3) De quel magistrat est-il question ici?

(4) Le lit de justice signifie ici le tribunal.

Des moineaux habitaient dans une métairie.
Un beau champ de millet, voisin de la maison,
    Leur donnait du grain à foison.
Les moineaux dans le champ passaient toute
                       [leur vie,
Occupés de gruger les épis de millet ;
Le vieux chat du logis les guettait d'ordinaire,
Tournait et retournait, mais il avait beau faire :
Sitôt qu'il paraissait, la bande s'envolait.
Comment les attraper? Notre vieux chat y
                       [songe,
    Médite, fouille en son cerveau,
Et trouve un tour tout neuf. Il va tremper dans
                       [l'eau
    Sa patte dont il fait éponge.
Dans du millet en grain aussitôt il la plonge ;
    Le grain s'attache tout autour.
Alors à cloche-pied, sans bruit, par un détour,
    Il va gagner le champ, s'y couche
    La patte en l'air et sur le dos,
Ne bougeant plus qu'une souche.
Sa patte ressemblait à l'épi le plus gros :
L'oiseau s'y méprenait, il approchait sans
                     [crainte,
Venait pour becqueter ; de l'autre patte : crac!
    Voilà mon oiseau dans le sac.
    Il en prit vingt par cette feinte.

Un moineau s'aperçoit du piége scélérat,
    Et prudemment fuit la machine ;
    Mais dès ce jour il s'imagine
Que chaque épi de blé était patte de chat.
    Au fond de son trou solitaire
    Il se retire, et plus n'en sort,
    Supporte la faim, la misère,
    Et meurt pour éviter la mort.

Nous devons retirer de cette fable une conséquence bien juste, c'est que *l'excès en tout est
un défaut*.

LE LOUP DEVENU BERGER.

Un loup qui commençait d'avoir petite part
    Aux brebis de son voisinage,
Crut qu'il fallait s'aider de la peau du renard (1)
    Et faire un nouveau personnage.
Il s'habille en berger, endosse un hoqueton,
    Fait sa houlette d'un bâton,
    Sans oublier la cornemuse.
    Pour pousser jusqu'au bout la ruse,
Il aurait volontier écrit sur son chapeau :
« C'est moi qui suis Guillot ; berger de ce
                [troupeau. »

---

(1) De la peau du renard, c'est-à-dire employer la ruse.

Sa personne étant ainsi faite,

Et ses pieds de devant posés sur sa houlette,

Guillot le sycophante (1) approche doucement.

Guillot, le vrai Guillot, étendu sur l'herbette,

    Dormait alors profondément ;

Son chien dormait aussi, comme aussi sa mu-

                   [sette ;

La plupart des brebis dormaient pareillement.

    L'hypocrite les laissa faire ;

Et, pour pouvoir mener vers son fort les brebis,

Il voulut ajouter la parole aux habits,

    Chose qu'il croyait nécessaire.

    Mais cela gâta son affaire :

Il ne put du pasteur contrefaire la voix.

Le ton dont il parla fit retentir les bois

    Et découvrit tout le mystère.

    Chacun se réveille à ce son,

    Les brebis, le chien, le garçon.

    Le pauvre loup dans cet esclandre,

    Empêché par son hoqueton (2),

    Ne put ni fuir ni se défendre.

Toujours par quelqu'endroit fourbes se laissent

                 [prendre.

---

(1) Sycophante, c'est-à-dire trompeur.

(2) Son hoqueton, c'est-à-dire par les habits dont il était couvert.

Quiconque est loup, agisse en loup;
C'est le plus certain de beaucoup.

LE GRILLON.

Un pauvre petit grillon,
Caché dans l'herbe fleurie,
Regardait un papillon
Voltigeant dans la prairie,
L'insecte ailé brillait des plus vives couleurs;
L'azur, la pourpre et l'or éclataient sur ses ailes;
Jeune, beau, petit-maître (1), il court de fleurs
[en fleurs,
Prenant et quittant les plus belles.
Ah! disait le grillon, que son sort et le mien
Sont différens! Dame nature (2)
Pour lui fit tout, et pour moi rien.
Je n'ai point de talens, encore moins de figure;
Nul ne prend garde à moi, l'on m'ignore ici-bas;
Autant vaudrait n'exister pas.
Comme il parlait, dans la prairie
Arrive un troupeau d'enfans;
Aussitôt les voilà courans

(1) Petit-maître signifie élégant, recherché dans sa
parure.
(2) Dame nature signifie l'auteur de la création.

Après ce papillon dont ils ont tous envie.

Chapeaux, mouchoirs, bonnets, servent à
[l'attraper ;
L'insecte vainement cherche à leur échapper,
Il devient bientôt leur conquête.
L'un le saisit par l'aile, un autre par le corps ;
Un troisième survient et le prend par la tête :
Il ne fallait pas tant d'efforts
Pour déchirer la pauvre bête.
Oh ! oh ! dit le grillon, je ne suis plus fâché ;
Il en coûte trop cher pour briller dans le monde.
Combien je vais aimer ma retraite profonde !
Pour vivre heureux, vivons caché.

PAROLE DE SOCRATE.

Socrate (1) un jour faisant bâtir,
Chacun censurait son ouvrage :
L'un trouvait les dedans, pour ne lui point
[mentir,
Indignes d'un tel personnage ;
L'autre blâmait la face, et tous étaient d'avis
Que les appartemens en étaient trop petits.
Quelle maison pour lui ! l'on y tournait à peine.

(1) Socrate était un philosophe grec dont la sagesse et
la vertu sont encore admirées.

Plut au ciel que de vrais amis,
Telle qu'elle est, dit-il, elle pût être pleine !
Le bon Socrate avait raison
De trouver pour ceux-là trop grande sa maison.
Chacun se dit ami, mais fou qui s'y repose :
Rien n'est plus commun que ce nom,
Rien n'est plus rare que la chose (1).

L'ALOUETTE ET SES PETITS.

Mère alouette disait un jour à ses petits :
Nous sommes entourés d'un monde d'ennemis ;
Craignons tout de leur force ou de leur perfidie.
L'autour menace notre vie,
Et l'oiseleur en veut à notre liberté.
Croyez-moi, mes enfans, pour plus de sûreté,
Demeurez sous le chaume auprès de votre mère ;
Si vous quittez votre berceau (2),
Vous trouverez peut-être, ainsi que votre père,
Ou la prison ou le tombeau.
Ce discours bien sensé fut trouvé bien frivole.
Les petits étaient grands : oh ! maman devient
[folle ;
Elle radote au moins, et sa morale endort.

---

(1) C'est-à-dire rien n'est plus rare qu'un véritable ami.
(2) Quel est le berceau des jeunes alouettes ?

Elle a pour les dangers des ressources nouvelles:
Il faudrait s'enterrer pour éviter la mort;
Ce serait pour ramper que l'on aurait des ailes.
Et puis de fendre l'air au gré de leur ardeur;
L'un prend un vol errant, l'autre un essor su-
[blime;
     L'un de l'autour est la victime,
     L'autre esclave de l'oiseleur (1).

LE COMBAT DES RATS ET DES BELETTES.

La nation des belettes,
Non plus que celle des chats,
Ne veut aucun bien aux rats;

---

(1) Combien d'enfans doivent se reconnaître dans cette fable! A peine commencent-ils à devenir grands qu'ils méprisent les sages avis de leurs mères et veulent agir selon leurs caprices; qu'ils prennent garde! ils rencontreront dans le monde des dangers que leur imprudence n'aura pas prévus, et les malheurs qu'ils éprouveront seront le triste châtiment de leur désobéissance.

Je ne saurais trop engager les parens et les maîtres à faire déduire eux-mêmes la morale des fables qu'ils feront lire; qu'ils provoquent en quelque sorte l'intelligence des enfans par des questions, qu'ils leur fassent faire des rapprochemens entre la morale de telle et telle fable, en un mot qu'ils développent simultanément les facultés intellectuelles et morales de leurs élèves.

Et sans les portes étroites
De leurs habitations,
L'animal à longue échine
En ferait, je m'imagine,
De grandes destructions.
Or, une certaine année
Qu'il en était à foison,
Leur roi, nommé Ratapon,
Mit en campagne une armée.
Les belettes de leur part,
Déployèrent l'étendard.
Si l'on croit la renommée,
La victoire balança :
Plus d'un guéret s'engraissa
Du sang de plus d'une bande.
Mais la perte la plus grande
Tomba presque en tous endroits
Sur le peuple souriquois.
Sa déroute fut entière,
Quoi que pût faire Artarpax,
Psicarpax, Méridarpax (1),
Qui, tout couverts de poussière,
Soutinrent assez long-temps
Les efforts des combattans.

---

(1) Artarpax, Psicarpax, Méridarpax, noms de rats
plaisamment inventés par un poète grec.

3

Leur résistance fut vaine,
Il fallut céder au sort :
Chacun s'enfuit au plus fort,
Tant soldat que capitaine ;
Les princes périrent tous.
La racaille, dans des trous
Trouvant sa retraite prête,
Se sauva sans grand travail ;
Mais les seigneurs sur leur tête
Ayant chacun un plumail,
Des cornes ou des aigrettes,
Soit comme marques d'honneur,
Soit afin que les belettes
En conçussent plus de peur,
Cela causa leur malheur.
Trou, ni fente, ni crevasse,
Ne fut large assez pour eux :
Au lieu que la populace
Entrait dans les moindres creux.
La principale jonchée
Fut donc des principaux rats.
Une tête empanachée
N'est pas petit embarras.
Le trop superbe équipage
Peut souvent en un passage
Causer du retardement.
Les petits en toute affaire

S'esquivent fòrt aisément :
Les grands ne le peuvent faire.

LES FRELONS ET LES MOUCHES A MIEL.

A l'œuvre on connaît l'artisan.
Quelques rayons de miel sans maître se trou-
[vèrent :
Des frelons les réclamèrent ;
Des abeilles s'opposant,
Devant certaine guêpe on traduisit la cause.
Il était malaisé de décider la chose :
Les témoins déposaient qu'autour de ces rayons
Des animaux ailés, bourdonnans, un peu longs,
De couleur fort tannée , et tels que les abeilles,
Avaient long-temps paru. Mais quoi ! dans les
[frelons
Ces enseignes étaient pareilles.
La guêpe , ne sachant que dire à ces raisons ,
Fit enquête (1) nouvelle, et, pour plus de
[lumière ,
Entendit une fourmilière.
Le point n'en put être éclairci.
De grâce , à quoi bon tout ceci ?

-----

(1) On appelle *enquête* des recherches ordonnées par la justice.

Dit une abeille fort prudente.

Depuis tantôt six mois que la cause est pen-
[dante (1),

Nous voici comme aux premiers jours.

Pendant cela le miel se gâte.

Il est temps désormais que le juge se hâte ;

N'a-t-il point assez léché l'ours ?

Sans tant de contredits et d'interlocutoires,

Et de fatras et de grimoires,

Travaillons, les frelons et nous :

On verra qui sait faire, avec un suc si doux,

Des cellules si bien bâties.

Le refus des frelons fit voir

Que cet art passait leur savoir ;

Et la guêpe adjugea le miel à leurs parties (2).

LE BUCHERON ET MERCURE.

Un bûcheron perdit son gagne-pain :

C'est sa cognée ; et la cherchant en vain,

Ce fut pitié là-dessus de l'entendre.

Il n'avait pas des outils à revendre :

Sur celui-ci roulait tout son avoir.

Ne sachant donc où mettre son espoir,

---

(1) La cause est pendante, c'est-à-dire est soumise
aux juges.

(2) A leurs parties, c'est-à-dire aux abeilles.

Sa face était de pleurs toute baignée :
O ma cognée ! ô ma pauvre cognée !
S'écriait-il : Jupiter, rends-la moi ;
Je tiendrai l'être encore un coup de toi.
Sa plainte fut de l'Olympe (1) entendue.
Mercure (2) vient. Elle n'est pas perdue,
Lui dit ce dieu ; la connaîtras-tu bien ?
Je crois l'avoir près d'ici rencontrée.
Lors une d'or à l'homme étant montrée,
Il répondit : Je n'y demande rien.
Une d'argent succède à la première :
Il la refuse. Enfin une de bois.
Voilà, dit-il, la mienne cette fois.
Je suis content si j'ai cette dernière.
Tu les auras, dit le dieu, toutes trois :
Ta bonne foi sera récompensée.
En ce cas-là, je les prendrai, dit-il.
L'histoire en est aussitôt dispersée :
Et boquillons (3) de perdre leur outil,
Et de crier pour se le faire rendre.
Le roi des dieux ne sait auquel entendre.
Son fils Mercure aux criards vient encor :

---

(1) L'Olympe était la demeure des dieux.

(2) Mercure passait pour le messager de Jupiter, qui était le maître des autres dieux.

(3) Ce mot signifie bûcherons.

A chacun d'eux il en montre une d'or.
Chacun eût cru passer pour une bête
De ne pas dire aussitôt : La voilà !
Mercure, au lieu de donner celle-là,
Leur en décharge un grand coup sur la tête.
Ne point mentir, être content du sien,
C'est le plus sûr; cependant on s'occupe
A dire faux pour attraper du bien.
Que sert cela ? Jupin (1) n'est pas dupe.

LE LION ET LE MOUCHERON.

Va-t-en, chétif insecte, excrément de la terre!
    C'est en ces mots que le lion
    Parlait un jour au moucheron.
    L'autre lui déclara la guerre :
Penses-tu, lui dit-il, que ton titre de roi
    Me fasse peur ni me soucie ?
    Un bœuf est plus puissant que toi;
    Je le mène à ma fantaisie.
    A peine il achevait ces mots,
    Que lui-même il sonna la charge,
    Fut le trompette et le héros.
    Dans l'abord il se met au large,
    Puis prend son temps, fond sur le cou

(1) Jupin est mis pour Jupiter, c'est-à-dire pour dieu.

Du lion qu'il rend presque fou.
Le quadrupède (1) écume, et son œil étincelle;
Il rugit. On se cache, on tremble à l'environ :
    Et cette alarme universelle
    Est l'ouvrage d'un moucheron.
Un avorton de mouche en cent lieux le harcelle;
Tantôt pique l'échine, et tantôt le museau,
    Tantôt entre au fond du naseau.
La rage alors se trouve à son faîte montée.
L'invisible ennemi triomphe, et rit de voir
Qu'il n'est griffe ni dent en la bête irritée
Qui de la mettre en sang ne fasse son devoir.
Le malheureux lion se déchire lui-même,
Fait résonner sa queue à l'entour de ses flancs,
Bat l'air, qui n'en peut rien; et sa fureur ex-
                  [trême
Le fatigue, l'abat : le voilà sur les dents.
L'insecte du combat se retire avec gloire :
Comme il sonna la charge, il sonna la victoire,
Va partout l'annoncer, et rencontre en chemin
    L'embuscade d'une araignée;
    Il y rencontre aussi sa fin.
Quelle chose par là nous peut être enseignée?
J'en vois deux, dont l'une est qu'entre nos en-
                  [nemis

---

(1) Comment La Fontaine a-t-il pu dire le quadrupède
pour le lion ? —— Qu'est-ce qu'un quadrupède ?

Les plus à craindre sont souvent les plus petits;
L'autre, qu'aux grands périls tel a pu se sous-
[traire,
Qui périt pour la moindre affaire.

LES MOUCHES NOYÉES DANS UNE COUPE D'OR.

Séduites par l'éclat de l'or
Dont brillait une riche coupe,
Des mouches volèrent en troupe,
Et se posèrent sur le bord.
Pour leur malheur plus séduites encor
Par l'odeur qu'exhalait le doux jus de la treille,
Voulant goûter de la liqueur vermeille,
Se livrent au plaisir. Mais ô rigoureux sort !
Bientôt troublée et chancelante,
La troupe à boire trop ardente,
Ne pouvant plus se soutenir,
Tombe dans la coupe brillante ;
C'en est fait, il fallut périr.
Jeunes gens, c'est à vous que ma fable s'adresse:
Gardez-vous des excès du vin.
Cette liqueur enchanteresse
Entre comme un serpent; craignez-en le venin.

LES DEUX GRENOUILLES.

Pendant la chaleur de l'été ,
Deux grenouilles voyant sécher leur marécage,
Se mirent ensemble en voyage ,
Pour chercher quelqu'étang dans un fond écarté.
Après avoir long-temps sauté ,
Elles trouvent sur leur passage
Un puits tout rempli d'eau. L'allégresse à
[l'instant
S'empare de nos voyageuses ;
Mais de l'une surtout. Que nous sommes heu—
[reuses !
S'écria-t-elle : O puits charmant ,
Tu fais de nos désirs l'espoir le plus touchant !
Compagne , allons , sans plus attendre ;
Pour nous désaltérer , il nous y faut descendre ;
Rien ne doit retarder notre soulagement.
Modère ton ardeur , ne sois pas si pressée ,
Lui répond l'autre plus rusée ;
Si ce puits venait à tarir ,
Sais-tu le moyen d'en sortir (1) ?
Le tout n'est pas dans une affaire
De commencer ; mais le point nécessaire
Est de trouver le moyen de finir.

---

(1) Laquelle des deux grenouilles était la plus sage ?

LE BERGER ET LA MER.

Du rapport d'un troupeau, dont il vivait sans
[soins,
Se contenta long-temps un voisin d'Amphi-
[trite (1).
Si sa fortune était petite,
Elle était sûre tout au moins.
A la fin, les trésors déchargés sur la plage
Le tentèrent si bien qu'il vendit son troupeau,
Trafiqua de l'argent, le mit entier sur l'eau.
Cet argent périt par naufrage.
Son maître fut réduit à garder les brebis,
Non plus berger en chef, comme il était jadis,
Quand ses propres moutons paissaient sur le
[rivage.
Celui qui s'était vu Coridon ou Tircis (2)
Fut Pierrot (3) et rien davantage.
Au bout de quelque temps il fit quelques
[profits,
Racheta des bêtes à laine ;

---

(1) Déesse de la mer.
Qu'est-ce qu'un voisin d'amphitrite ?
(2) Coridon et Tircis sont les noms de deux bergers
fort riches.
(3) Pierrot, c'est-à-dire pauvre garçon obligé de garder
les troupeaux des autres.

Et comme un jour les vents retenant leur
[haleine,
Laissaient paisiblement aborder les vaisseaux :
Vous voulez de l'argent, ô mesdames les eaux,
Dit-il ; adressez-vous, je vous prie, à quelque
[autre :
Ma foi ! vous n'aurez pas le nôtre.
Ceci n'est pas un conte à plaisir inventé,
Je me sers de la vérité
Pour montrer par expérience,
Qu'un sou, quand il est assuré,
Vaut mieux que cinq en espérance ;
Qu'il faut se contenter de sa condition ;
Qu'aux conseils de la mer et de l'ambition
Nous devons fermer les oreilles.
Pour un qui s'en louera, dix mille s'en plaindront.
La mer promet monts et merveilles :
Fiez-vous-y, les vents et les voleurs viendront.

LA PERDRIX ET L'OISELEUR.

Une perdrix sans compagnie
Dans des rets tomba par malheur.
Gubélas ! ne m'ôtez point la vie
Dit-elle à l'avide oiseleur.

J'ai souffert la faim, la froidure,

Qui m'ont mis en chétif état ;
Je ne suis pas, je vous le jure,
Un mets friand, ni délicat.

Déjà, depuis plusieurs années,
Je me remarie au printemps,
Toujours mes heureux hyménées
De perdraux ont peuplé les champs.

J'ai quinze petits dans mon aire (1),
Qui ne sauraient voler encor ;
Si vous faites périr leur mère,
Vous leur donnez aussi la mort.

Par pitié donc, laissez-moi vivre,
Et retourner vers mes enfans ;
Foi de perdrix, je vous les livre,
Quand ils seront devenus grands.

Entendez mieux votre fortune :
Je suis un trop maigre butin.
Vous en aurez quinze pour une :
Voilà de quoi faire un festin.

L'oiseleur, qui voit l'artifice,
De sa prière n'a souci :
Vous me prenez pour un novice :
On ne m'amuse pas ainsi.

______

(1) C'est-à-dire mon nid.

Vous ne méritez point de grâce.
Ne prétendez pas m'échapper :
Et qui peut bien trahir sa race,
Pourrait bien aussi me tromper.

LE BERGER ET SON TROUPEAU.

Quoi ! toujours il me manquera
Quelqu'un de ce peuple imbécile !
Toujours le loup m'en gobera !
J'aurai beau les compter ! Ils étaient plus de
[mille,
Et m'ont laissé ravir notre pauvre Robin !
Robin mouton qui, par la ville,
Me suivait pour un peu de pain,
Et qui m'aurait suivi jusques au bout du monde !
Hélas ! de ma musette il entendait le son :
Il me sentait venir de cent pas à la ronde.
Ah ! le pauvre Robin mouton !
Quand Guillot eut fini cette oraison funèbre,
Et rendu de Robin la mémoire célèbre,
Il harangua tout le troupeau,
Les chefs, la multitude, et jusqu'au moindre
[agneau,
Les conjurant de tenir ferme ;
Cela seul eût suffi pour écarter les loups.
Foi de peuple d'honneur, ils lui promirent tous

De ne bouger non plus qu'un terme.
Nous voulons, dirent-ils, étouffer le glouton
Qui nous a pris Robin mouton.
Chacun en répond sur sa tête.
Guillot les crut et leur fit fête.
Cependant, devant qu'il fût nuit,
Il arriva nouvel encombre.
Un loup parut, tout le troupeau s'enfuit,
Ce n'était pas un loup, ce n'en était que l'ombre.
Haranguez de méchans soldats,
Ils promettent de faire rage ;
Mais au moindre danger, adieu tout leur
[courage :
Votre exemple et vos cris ne les retiendront pas.

LE VOLEUR ET SA MÈRE.

On avait surpris un voleur (1) ;
En grand cortége on l'allait pendre.
Sur le chemin, sa mère, d'un air tendre,
Vint lui témoigner sa douleur.
Toute éplorée, elle l'embrasse ;
Lui, la mord à la joue. Alors la populace
S'écrie : Ah ! le traître, ah ! l'ingrat ;
Enfant dénaturé, cœur pervers, scélérat.
Que par la roue on le punisse ;
La corde est un trop doux supplice.

---

(1) Que doivent penser les enfans des punitions que
leur infligent leurs maîtres et leurs parens ?

Vous vous trompez, dit-il, dans votre jugement.

Écoutez un peu seulement :

Lorsque je fis dans ma jeunesse

Certains petits tours de souplesse,

Ne distinguant encor ni le bien ni le mal,

Ma mère loua mon adresse,

Au lieu de réprimer ce penchant si fatal.

J'ai fait depuis du larcin mon étude.

Après m'avoir laissé prendre cette habitude

Qui fait mon crime capital,

A-t-elle droit à l'amour filial ?

J'en appelle à l'expérience,

On ne voit que trop de parens

Qui, par leur lâche complaisance,

Ou leur coupable négligence,

Font le malheur de leurs enfans.

LE POT DE TERRE ET LE POT DE FER.

Le pot de fer proposa

Au pot de terre un voyage.

Celui-ci s'en excusa

Disant qu'il ferait que sage (1)

De garder le coin du feu ;

(1) C'est-à-dire qu'il ferait sagement. *Il ferait que sage* est une expression un peu ancienne, mais qui se trouve communément dans nos vieux auteurs.

Car il lui fallait si peu,
Si peu, que la moindre chose
De son débris serait cause :
Il n'en reviendrait morceau.
Pour vous, dit-il, dont la peau
Est plus dure que la mienne,
Je ne vois rien qui vous tienne.
Nous vous mettrons à couvert,
Répartit le pot de fer :
Si quelque matière dure
Vous menace d'aventure,
Entre deux je passerai,
Et du coup vous sauverai.
Cette offre le persuade.
Pot de fer, son camarade,
Se met droit à ses côtés.
Mes gens s'en vont à trois pieds
Clopin, clopant comme ils peuvent;
L'un contre l'autre jetés
Au moindre hoquet qu'ils trouvent.
Le pot de terre en souffre : il n'eut pas fait
                        [cent pas,
Que par son compagnon il fut mis en éclats,
Sans qu'il eut lieu de se plaindre.
Ne nous associons qu'avec nos égaux,
Ou bien il nous faudra craindre
Le destin d'un de ces pots.

LES SINGES ET LE LÉOPARD.

Des singes dans un bois jouaient à la main-
[chaude;
  Certaine guenon moricode,
Assise gravement, tenait sur ses genoux
La tête de celui qui, courbant son échine,
  Sur sa main recevait les coups.
  On frappait fort, et puis devine!
Il ne devinait point : c'était alors des ris,
  Des sauts, des gambades, des cris.
Attiré par le bruit du fond de sa tanière,
Un jeune léopard, prince assez débonnaire (1),
Se présente au milieu de nos singes joyeux.
Tout tremble à son aspect. Continuez vos jeux,
Leur dit le léopard, je n'en veux à personne :
  Rassurez-vous, j'ai l'âme bonne;
Et je viens même ici, comme particulier,
  A vos plaisirs m'associer.
  Jouons, je suis de la partie.
  Ah! monseigneur, quelle bonté,
Quoi! votre altesse veut, quittant sa dignité,
Descendre jusqu'à nous? — Oui, c'est ma
[fantaisie,

---

(1) Débonnaire, c'est-à-dire doux.

Mon altesse eut toujours de la philosophie,
        Et sait que tous les animaux
                Sont égaux :
Jouons donc, mes amis, jouons, je vous
                        [en prie.
Les singes enchantés crurent à ce discours,
        Comme l'on y croira toujours.
        Toute la troupe joviale
Se remet à jouer : l'un d'entre eux tend la
                        [main,
        Le léopard frappe, et soudain
On voit couler du sang sous la griffe royale.
Le singe cette fois devina qui frappait ;
        Mais il s'en alla sans le dire.
Ses compagnons faisaient semblant de rire,
        Et le léopard seul riait.
Bientôt chacun s'excuse et s'échappe à la hâte,
        En se disant entre ses dents :
        Ne jouons point avec les grands
Le plus doux a toujours des griffes à la patte.

L'INONDATION.

Des laboureurs vivaient paisibles et contens
        Dans un riche et nombreux village ;
Dès l'aurore ils allaient travailler à leurs champs,

Le soir ils revenaient chantans
Au sein d'un tranquille ménage ;
Et la nature, bonne et sage,
Pour prix de leurs travaux, leur donnait tous
[les ans
De beaux blés et de beaux enfans.
Mais il faut bien souffrir ; c'est notre destinée.
Or, il arriva qu'une année,
Dans le mois où le blond Phébus (1)
S'en va faire visite au brûlant Sirius (2),
La terre, de sucs épuisée,
Ouvrant de toutes parts son sein,
Haletait sous un ciel d'airain ;
Point de pluie et point de rosée ;
Sous un sol crevassé l'on voit noircir le grain;
Les épis sont brûlés, et leurs têtes penchées
Tombent sur leurs tiges séchées.
On trembla de mourir de faim ;
La commune s'assemble ; en hâte on délibère;
Et chacun, comme à l'ordinaire,
Parle beaucoup et rien ne dit ;
Enfin quelques vieillards, gens de sens et d'esprit,
Proposèrent un parti sage :

---

(1) Le blond Phébus pour le soleil.
(2) Sirius, une des étoiles qui forment la constellation
de la canicule.

Mes amis , dirent-ils , d'ici vous pouvez voir,
   Ce mont peu distant du village :
Là se trouve un grand lac , immense réservoir
Des souterraines eaux qui s'y font un passage.
Allez saigner ce lac : mais sachez ménager
   Un petit nombre de saignées ,
Afin qu'à votre gré vous puissiez diriger
Ces bienfaisantes eaux dans vos terres baignées;
Juste, quand il faudra nous les arrêterons.
Prenez bien garde au moins... Oui, oui, courons
   S'écrie aussitôt l'assemblée.
   Et voilà mille jeunes gens
Armés d'hoyaux , de pics et d'autres instru-
                     [mens ,
Qui volent vers le lac : la terre est travaillée ,
Tout autour de ses bords ; on perce en cent
                   [endroits à la fois :
De morceau de terrain chaque ouvrier se
                     [charge :
   Courage , allons ! point de repos !
L'ouverture jamais ne peut être assez large.
Cela fut bientôt fait. Avant la nuit les eaux
tombant de tout leur poids sur leur digue af-
                   [faiblie ,
   De partout roulent à grands flots :
Transports et complimens de la troupe ébahie

Qui s'admire dans ses travaux.
Le lendemain matin ce ne fut plus de même :
On voit flotter les blés sur un océan d'eau ;
Pour sortir du village il faut prendre un bateau :
Tout est perdu, noyé. La douleur est extrême,
On s'en prend aux vieillards. C'est vous, leur
[disait-on,
Qui nous coûtez notre moisson ;
Votre maudit conseil..... Il était salutaire,
Répondit un d'entre eux ; mais ce qu'on vient
[de faire
Est fort loin du conseil comme de la raison.
Nous voulions un peu d'eau, vous nous lâchez
[la bonde ;
L'excès d'un très-grand bien devient un mal
[très-grand :
Le sage arrose doucement.
L'insensé tout de suite inonde.

LA ROSE ET L'IMMORTELLE.

Dans un jardin de Flore (1) et des Zéphirs (2)
[chéri,

(1) Flore était considérée par les anciens comme la déesse
des fleurs et des jardins.

(2) Le Zéphir, vent de l'occident, est un des quatre
principaux.

Végétait tristement près d'un rosier fleuri ,

La fleur que l'on nomme immortelle ;

Tous les yeux se portaient sur la rose nouvelle ,

qui les charmait par sa beauté.

Elle en conçut tant de fierté ,

Qu'à l'immortelle, sa voisine ,

Elle tint ce discours : « Va-t-en , retire-toi ;

Te convient-il de rester près de moi ?

Tu sais quelle est mon origine ,

Elle est céleste, elle est divine.

Je suis l'objet des doux soupirs

Des jeunes et tendres Zéphirs ;

Par leurs soins empressés et les pleurs de l'Au—

[rore (1)

Au matin on me voit éclore

Dans l'appareil le plus brillant :

Je suis les délices de Flore

Et des bergères l'ornement.

Il n'est guirlande ni couronne ,

Ni festons que je n'assaisonne ,

Et dont je ne sois l'agrément.

Mon éclat, mon odeur, sont un enchantement. »

— « Je rends de sincères hommages

A vos brillantes qualités ,

Lui répond l'immortelle ; et tous ces avantages

____

(1) Les pleurs de l'Aurore , c'est-à-dire la rosée.

Ne peuvent justement vous être contestés.
Mais vous avez un peu trop d'assurance.
    Ma bonne amie, écoutez-moi,
    Voici certainement de quoi
    Rabattre votre confiance.
    Votre éclat n'est que passager,
    Dans un instant il doit changer :
    Le même jour qui vous voit naître
Vous voit sur son déclin tomber et disparaître.
Vous ne pouvez tenir contre le moindre effort
    Des vents, ou du sud, ou du nord;
    Le Zéphir même le plus doux,
Dont vous relevez tant l'attachement pour vous,
    Vous abat souvent d'un coup d'aile.
Il n'en est pas ainsi de la simple immortelle;
    Elle est à l'abri de leurs coups.
    Il est vrai que je suis moins belle;
    Mais de l'hiver je crains peu les rigueurs,
    Et de l'été les brûlantes ardeurs.
Par aucun accident je ne suis altérée,
    Et par ma constante durée,
Je sers à l'ornement des temples, des maisons:
Ainsi dans tous les temps ma gloire est assurée.
Pour répondre en un mot à vos faibles raisons,
    Je suis la fleur de toutes les saisons. »
    Combien de gens, comme la rose,

donnent le prix à la beauté !
Après les grands biens , c'est la chose
Qui flatte plus la vanité.
La beauté n'est qu'un bien fragile,
A cet avantage stérile
C'est une erreur de s'attacher.
Quel est donc le bien véritable
Qu'avec soin on doit rechercher ?
La vertu. C'est la seule durable.

FIN.